André Claude BAYOMOCK LINWA
Essetchi Desnos YECHI

Redes sociais e bases de dados temáticas de QoS: a base de uma cidade inteligente

André Claude **BAYOMOCK LINWA**
Essetchi Desnos YECHI

Redes sociais e bases de dados temáticas de QoS: a base de uma cidade inteligente

ScienciaScripts

Imprint

Any brand names and product names mentioned in this book are subject to trademark, brand or patent protection and are trademarks or registered trademarks of their respective holders. The use of brand names, product names, common names, trade names, product descriptions etc. even without a particular marking in this work is in no way to be construed to mean that such names may be regarded as unrestricted in respect of trademark and brand protection legislation and could thus be used by anyone.

Cover image: www.ingimage.com

This book is a translation from the original published under ISBN 978-620-6-72518-3.

Publisher:
Sciencia Scripts
is a trademark of
Dodo Books Indian Ocean Ltd. and OmniScriptum S.R.L publishing group

120 High Road, East Finchley, London, N2 9ED, United Kingdom
Str. Armeneasca 28/1, office 1, Chisinau MD-2012, Republic of Moldova, Europe
Printed at: see last page
ISBN: 978-620-8-26767-4

REDE SOCIAL E BASE DE DADOS QOS TEMÁTICA: A BASE DE UMA CIDADE INTELIGENTE

DR. BAYOMOCK LINWA ANDRE CLAUDE
DEPARTAMENTO DE INFORMÁTICA,
UNIVERSIDADE INTERNACIONAL DE GRAND-BASSAM
BAYOMOCK.A@IUGB.EDU.CI

MR. YECHI ESSETCHI DESNOS
MASTER 2 BDGL, DEPARTAMENTO UFR
MATEMÁTICA E INFORMÁTICA, UNIVERSITE FELIX HOUPHOUËT BOIGNY
YECHIDESNOS@HOTMAIL.COM

ÍNDICE DE CONTEÚDOS

RESUMO

O século XXI assistiu ao aparecimento de diversas fontes de informação, desde os meios de comunicação social tradicionais aos meios de comunicação social privados e de cidadãos. Embora os meios de comunicação tradicionais possam ser influenciados externamente e nem sempre reflictam os factos com exatidão, os meios de comunicação dos cidadãos permitem a livre expressão, onde os indivíduos podem partilhar as suas observações e experiências. Estas fontes de cidadãos fornecem informações valiosas sobre a vida urbana, contribuindo com dados sobre educação, segurança, incidentes de trânsito, cuidados de saúde, actividades culturais e desportivas e condições das infra-estruturas. Se forem corretamente recolhidas e analisadas, estas informações podem ajudar as administrações urbanas a melhorar a qualidade dos serviços e a responder proactivamente às necessidades da comunidade. Este artigo explora métodos de limpeza, transformação, estruturação e armazenamento destes fluxos de dados dos cidadãos para uma consulta eficaz. Em colaboração com administradores urbanos e residentes, identificaremos os principais parâmetros de qualidade de serviço (QoS) e desenvolveremos um protocolo coordenado para aumentar as capacidades das cidades inteligentes. O objetivo é garantir actualizações frequentes dos dados, no prazo de 24 horas ou menos, para manter a relevância e a capacidade de resposta. O documento está estruturado da seguinte forma: introdução, motivações para a investigação, revisão da literatura sobre QoS em cidades inteligentes, declaração do problema e desafios, abordagem da solução, próximos passos e uma conclusão que resume as principais contribuições e direcções de trabalho futuras.

Palavras-chave: Cidade inteligente, Qualidade de serviço (QoS), Redes sociais, Modelos de dados, Inteligência económica, Recolha de dados dos cidadãos, Protocolo de coordenação.

1 INTRODUÇÃO

A cidade inteligente é um conjunto de conceitos e serviços que muitas cidades estão a utilizar para oferecer melhores serviços aos seus residentes. Estes serviços requerem a implementação e a implantação de tecnologias. A base das tecnologias da informação assenta na cablagem e na interligação de redes de bairros, estradas e objectos, permitindo fornecer à cidade informações praticamente em tempo real na sequência de um evento ou prestar serviços urbanos através de um balcão único. Se o conceito e os serviços estão ao alcance financeiro e tecnológico dos países do Norte, o mesmo não se pode dizer dos países do Sul. E, no entanto, o conceito é atraente, mas a implementação da solução com a abordagem padrão baseada numa ligação em rede de objectos, sensores ou sensores não está ao alcance dos países do Sul. Neste projeto, propomos uma solução alternativa que utiliza a conetividade dos jovens nas redes sociais para alimentar e manter um sistema de informação que recolhe dados ligados a um evento. A solução consiste em documentar os eventos por tema e, em seguida, definir um protocolo de recolha de dados, permitindo que os residentes dêem a sua opinião sobre um evento, consultem os eventos e proponham soluções para melhorar o desempenho do tema em questão. Os residentes, graças à sua proximidade e experiência diária, podem fornecer dados valiosos sobre vários aspectos, como a educação, a segurança, os incidentes de trânsito, os cuidados de saúde, as actividades culturais e desportivas e o estado das infra-estruturas. Esta informação, se for devidamente recolhida e analisada, pode ajudar as administrações urbanas a melhorar a qualidade dos serviços oferecidos aos cidadãos e a responder proactivamente às necessidades e preocupações da comunidade. Em colaboração com os administradores da cidade (presidente da câmara ou vereadores) e os habitantes, identificaremos os parâmetros essenciais da qualidade de serviço (QoS) e desenvolveremos um modelo de dados adequado para explorar esta informação. O objetivo é recolher informações reais sobre o que se passa na cidade, para que a cidade, através da sua plataforma tecnológica, possa informar a sua população e ter em conta as suas opiniões. Em suma, este processo garantirá a relevância e a capacidade de resposta da informação para a cidade inteligente. Este documento está estruturado da seguinte forma: após a introdução, apresentamos as motivações para esta investigação. De seguida, fazemos uma revisão da literatura existente sobre qualidade de serviço em cidades inteligentes. De seguida, descrevemos o problema a resolver e os desafios associados. De seguida, apresentamos a nossa abordagem de solução e discutimos os próximos passos. Por fim, concluímos com um resumo das principais contribuições do nosso estudo e sugerimos pistas para trabalhos futuros.

2 MOTIVAÇÕES

A forma como as cidades estão a evoluir atualmente está intimamente ligada às tecnologias da informação. Estas tecnologias não só transformaram a forma como vivemos, mas também estão a moldar o nosso futuro. Existe, portanto, uma correlação genuína entre os seres humanos e a tecnologia, uma metáfora emprestada da biologia (Bender, De Haan, & Bennett, 1995; Brangier, 2002, 2003; Griffith, 2006; De Rosnay, 2000). Esta perspetiva demonstra a necessidade de ultrapassar a tradicional oposição entre humano e tecnologia (Simondon, 1958), nomeadamente porque "a antropologia estabeleceu empiricamente que a antropogénese é empiricamente tecnogénese" (Stiegler, 1989). Por outras palavras, os avanços tecnológicos não são apenas ferramentas externas utilizadas pela humanidade, mas fazem parte integrante do seu processo evolutivo e da forma como se transforma enquanto espécie.

Conscientes desta co-evolução e preocupados com o bem-estar que ela pode trazer, vários estudos têm demonstrado que a tecnologia facilita muito o quotidiano das pessoas. Nesta perspetiva, a nossa missão é dar aos cidadãos e aos administradores urbanos um conhecimento em tempo real do que se passa na sua cidade. O objetivo do projeto é otimizar a tomada de decisões, baseando-a em factos concretos e fornecendo informações classificadas para uma leitura fácil e estruturada dos acontecimentos.

Para tal, decidimos envolver ativamente os habitantes da cidade no processo de recolha de informação. Estes cidadãos utilizarão uma rede social adequada e um protocolo claro para informar o sistema de informação da cidade inteligente. Uma vez recolhida, esta informação é processada e disponibilizada aos residentes, administradores e todas as partes interessadas, de acordo com as suas necessidades específicas.

Esta abordagem é a nossa principal motivação. É importante notar que, na sequência da nossa revisão da literatura, não encontrámos nenhum tema que correspondesse perfeitamente às nossas motivações e objectivos acima expostos.

3 REVISÃO DA LITERATURA

As cidades inteligentes são constituídas por múltiplos segmentos de inteligência: infra-estruturas, cuidados de saúde, edifícios, transportes e educação. Estes segmentos de inteligência constituem a base das cidades inteligentes com um bom desempenho na prestação de serviços (Mohanty et al., 2016). Se as infra-estruturas falhassem, o próprio conceito de cidade inteligente seria posto em causa do ponto de vista da indisponibilidade do fluxo de informação de volta à fonte requerente. Foram efectuados vários estudos para evitar que isso aconteça e para garantir que a cidade inteligente possa continuar a oferecer às pessoas uma elevada qualidade de vida.

3.1.1 Tecnologias de rede em cidades inteligentes

O estudo de AlZoman e Alenazi (2020) centra-se num novo sistema resiliente para redes de cidades inteligentes que utiliza a tecnologia de rede SDN (Software-Defined Networking). Esta tecnologia baseia-se em controladores de software ou API (Application Program Interfaces) para dirigir o tráfego da rede e comunicar com a infraestrutura de hardware subjacente. A SDN permite criar e controlar uma rede virtual ou controlar uma rede de hardware tradicional utilizando software. Isto aumenta a qualidade do serviço de transporte de dados para aplicações críticas na sequência de uma degradação da capacidade da ligação de transporte. O novo sistema proposto, denominado Smart City Resilient System (SCRS), inclui módulos como TopoDiscovery, FailureDetection, FastDivRoute, TrafficQoS e RulesGenerator.

3.1.2 Gestão da qualidade do serviço (QoS) e da experiência do utilizador (QoE)

Num estudo realizado por Tu (2018), o autor apresenta uma panorâmica dos principais serviços de CE e das suas funções, bem como das principais tecnologias TIC que suportam as aplicações. Propõe um quadro de gestão da QoS/QoE baseado em dados provenientes principalmente de módulos de formação offline e de módulos de gestão online. Através desta abordagem por camadas, o autor oferece uma solução para a gestão da QdE quando é utilizado um grande número de dispositivos/utilizadores/aplicações diferentes. Esta solução associa cada camada a um domínio específico de QoE, e a combinação de camadas (offline e online) para calcular o desempenho global é eficaz para o controlo da QoE.

3.1.3 Arquitecturas e protocolos de comunicação

Lloret et al. (2019) propuseram uma arquitetura e um protocolo de comunicação baseados em grupos para ligar diferentes infraestruturas de serviços em cidades inteligentes. O sistema proposto é escalável e tolerante a falhas, possibilitando a interconexão de sensores e redes em cidades inteligentes. Com a evolução das tecnologias de informação e comunicação, estão a ser desenvolvidos novos sensores para monitorizar vários aspectos nas grandes cidades, como o ambiente, a saúde e o tráfego. Estes sensores precisam de ser integrados em redes mais alargadas, que por sua vez precisam de ser interligadas para melhorar a eficiência e a sustentabilidade das cidades.

3.1.4 Segurança nas cidades inteligentes

A segurança e a prevenção da criminalidade são frequentemente negligenciadas nas cidades inteligentes. Laufs et al (2020) efectuaram uma pesquisa exaustiva da literatura e compilaram uma lista de intervenções de segurança que se enquadram em três categorias: as que utilizam novos sensores mas actuadores tradicionais, as que visam tornar os sistemas antigos inteligentes e as que introduzem funções inteiramente novas. Além disso, Ralko e Kumar salientam a importância das cidades inteligentes na vida quotidiana dos residentes, controlando aspectos como os padrões de tráfego, as câmaras de segurança e os serviços públicos. Os autores discutem os potenciais riscos e consequências de um ciberataque às redes das cidades inteligentes, salientando a importância da implementação de controlos de segurança, da formação de profissionais de segurança e da atribuição de orçamentos adequados para proteger a ciberinfra-estrutura das cidades inteligentes.

3.1.5 Oportunidade de investigação: Recolha e análise de dados dos cidadãos

O nosso estudo centra-se na importância de estruturar, analisar e armazenar eficazmente os fluxos de dados dos cidadãos. O objetivo é permitir que qualquer pessoa com informações relevantes sobre temas específicos possa utilizar a nossa plataforma para alimentar os sistemas de informação das cidades inteligentes e consultá-los de forma inteligente. Tencionamos formular um questionário destinado aos administradores das cidades, como o presidente da câmara ou os vereadores, bem como aos residentes, para determinar os parâmetros de qualidade de serviço (QoS) sobre os quais gostariam de ser informados pelos habitantes de uma determinada zona da cidade. Em suma, a nossa revisão da literatura mostra que existe uma abundância de investigação sobre as tecnologias e os sistemas que apoiam as cidades inteligentes. No entanto, há uma necessidade premente de soluções integradas que não só interliguem vários segmentos da inteligência urbana, mas também envolvam ativamente os cidadãos no processo de recolha e utilização de dados. Ao visar as lacunas identificadas, o nosso estudo pretende desenvolver métodos robustos para aproveitar os dados dos cidadãos para melhorar a qualidade de vida e estimular o crescimento económico nas cidades inteligentes.

4 PROBLEMAS E DESAFIOS

O conceito de cidade inteligente requer uma grande quantidade de informação proveniente de várias fontes. É crucial notar que o tempo de vida da informação numa cidade inteligente é frequentemente curto. As fontes de informação, públicas ou privadas, nem sempre estão disponíveis para cobrir e relatar os acontecimentos da cidade em tempo real. O problema do tráfego rodoviário agrava a situação em algumas zonas, onde pode ser extremamente difícil para os operadores de telecomunicações deslocarem-se eficazmente do ponto A para o ponto B, a fim de recolherem e divulgarem informações sobre um evento específico. Além disso, os pesados processos administrativos são também um grande desafio, porque, mesmo que a informação esteja disponível, tem muitas vezes de ser validada pelas autoridades administrativas antes de poder ser disponibilizada aos cidadãos num prazo razoável. Além disso, as infra-estruturas de rede das cidades inteligentes variam consideravelmente em todo o mundo. Por exemplo, regiões como o Sul da Ásia beneficiam frequentemente de uma conetividade de rede mais rica e de um elevado número de utilizadores da Internet, 1 426,39 milhões, como indicam as estatísticas do Statista em 2023 (Number of Internet users in the world by region 2023, n.d.) (ver Figura 1).

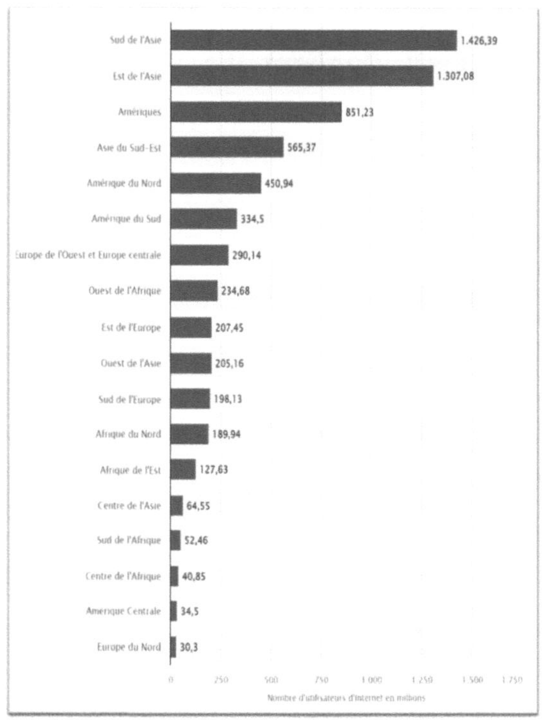

Figura 1: Número d e utilizadores da Internet no mundo em 2023, por região (em milhões)

As cidades inteligentes requerem, por isso, uma interligação alargada que abranja várias redes, como estradas, redes de transportes, distribuição de eletricidade, água e gás, bem como a interligação das habitações. É também crucial considerar a interligação de estabelecimentos de ensino, como escolas e universidades, permitindo um melhor acompanhamento e gestão dos estudantes. Esta abordagem holística da interligação ajuda a melhorar a eficiência operacional e a gestão de recursos nos ambientes urbanos modernos.

5 ABORDAGEM DE SOLUÇÃO

Uma cidade inteligente é aquela que serve os seus habitantes e presta serviços de qualidade através de tecnologias de informação que satisfazem as suas necessidades. A nossa solução consiste em ter em conta :

✓ Proporcionar à população o acesso às tecnologias da informação (TI) e utilizar as competências informáticas dos residentes para tornar a cidade inteligente

✓ Organizar a recolha de dados estruturando a inteligência da cidade por temas

✓ Analisar os dados recolhidos

✓ Definir um protocolo de utilização da inteligência temática para melhorar a qualidade da informação oferecida aos residentes e apoiar os administradores na realização dos objectivos fixados.

✓ Criar um modelo de dados adequado

✓ Implementação da solução

5.1 Meios de acesso do público às TI e utilização das tecnologias adquiridas

Ao contrário dos países desenvolvidos, onde a INTERNET está implantada em locais públicos e a cidade dispõe de recursos suficientes para interligar várias praças da cidade às suas bases de dados de informação de inteligência da cidade, nos países em desenvolvimento a Internet está implantada em locais públicos e a cidade dispõe de recursos suficientes para interligar várias praças da cidade às suas bases de dados de informação de inteligência da cidade. Os países subdesenvolvidos, e em particular os países subsarianos, não dispõem de meios para o fazer. Para resolver este problema e permitir que a cidade esteja próxima dos seus habitantes e ofereça serviços atractivos a um custo mais baixo, fizemos uma observação simples: os jovens (adolescentes e jovens adultos) dos países subsarianos passam, em média, 8 horas por dia ligados às redes sociais. Aproveitamos esta experiência para oferecer às pessoas a possibilidade de desempenharem um papel ativo na criação de inteligência nas suas cidades. Neste projeto de investigação, a nossa solução consiste em desenvolver uma rede social privada e temática que injectará inteligência na cidade e que poderá ser consultada pelos habitantes e administradores da cidade. Note-se que a nossa ideia inicial era utilizar uma rede social já existente, como o Facebook, o Instagam ou o Telegram, para gerar os dados inteligentes necessários, mas constatámos que era difícil obter parte do código-fonte que levou à implementação destas redes sociais para fazer modificações.

5.2 Organizar a recolha de dados inteligentes para a cidade

Os dados foram recolhidos através da abordagem dos principais actores da cidade inteligente, nomeadamente os administradores da cidade (vereadores e funcionários municipais) e os habitantes da cidade. Para o efeito, foi concebido e distribuído um questionário aos administradores e foi criado um formulário Web para permitir aos habitantes da cidade exprimir as suas preferências quanto às informações inteligentes a recolher.

5.2.1 Os diferentes temas

Quadro 1: Lista não exaustiva de temas possíveis

Nome do tema	Descrição	Importância	Retido para implementação neste projeto
Educação	Este tema abrange informações sobre a qualidade do ensino, o acesso aos recursos educativos, as infra-estruturas escolares e o desempenho académico dos alunos. Inclui também dados sobre a satisfação dos alunos, pais e professores.	A educação é fundamental para o desenvolvimento pessoal e profissional das pessoas. Uma educação de qualidade promove a inovação e o crescimento económico a longo prazo.	SIM
Saúde	Este tema engloba dados sobre a qualidade dos cuidados de saúde, o acesso aos serviços médicos, as infra-estruturas hospitalares e a satisfação dos doentes. Pode também incluir estatísticas de saúde pública, como as taxas de vacinação e as epidemias locais.	A saúde é essencial para o bem-estar dos indivíduos e para a produtividade da sociedade. Serviços de saúde de elevada qualidade podem melhorar a qualidade de vida e reduzir os custos da doença.	NÃO
Segurança	Este tema centra-se na segurança pública, incluindo as taxas de criminalidade, os incidentes de segurança, a capacidade de reação dos agentes da autoridade e a perceção da segurança pelo público. Abrange também a prevenção de	A segurança é fundamental para garantir um ambiente estável que conduza ao desenvolvimento económico e social. Uma boa segurança reforça a confiança do público e investidores.	SIM
	Os crimes e a gestão de emergências.		

| Desporto | Este tema abrange as infra-estruturas desportivas, o acesso às instalações, a participação dos cidadãos em actividades desportivas e os eventos desportivos locais. Inclui também dados sobre os benefícios para a saúde. associados à atividade física. | O desporto é importante para promover um estilo de vida saudável e ativo, reforçar a coesão social e melhorar a qualidade de vida. No entanto, no contexto do presente projeto, é menos prioritário do que outros temas. | NÃO |

Explicação da seleção

• **A educação** e **a segurança** foram escolhidas pelo seu papel essencial no desenvolvimento e bem-estar dos cidadãos, bem como pelo seu impacto direto na qualidade de vida e no desenvolvimento económico.

• **A saúde** e **o desporto**, embora muito importantes, não foram incluídos neste projeto específico, a fim de concentrar esforços e recursos em áreas consideradas prioritárias no contexto atual.

5.2.1.1 Formulários para o tema "Educação"

Quadro 2: Formulário de formação enviado aos administradores municipais

Perguntas	Respostas esperado
Qual é a qualidade atual das infra-estruturas escolares na sua cidade?	Escala de 1 a 5
Quais são os principais desafios que a educação enfrenta?	Texto livre
Quais são os actuais indicadores de desempenho utilizados para avaliar a escolas?	Lista de indicadores
Como classificaria a satisfação dos professores e do pessoal? educativo?	Escala de 1 a 5
Que projectos ou iniciativas estão em curso para melhorar a educação na região?cidade?	Texto livre

Quadro 3: Formulário Web sobre educação disponível para os residentes de uma cidade

Questão	Resposta esperada
Género	Masculino/Feminino/Outro
A que grupo etário pertence?	Lista de grupos etários
Em que cidade viveu?	Nome da cidade/comunidade
Especificar a cidade.	Texto livre
Profissão	Lista de profissões
A sua cidade de residência dispõe de um espaço eletrónico (virtual) ou físico onde pode consultar as taxas de aprovação/ reprovação das escolas locais nos diferentes exames?	Sim/Não
O que é este espaço?	Texto livre
Este espaço de distribuição escolar está sempre disponível?	Sim/Não
A taxa indicada tem em conta o número de anos decorridos?	Número de anos
A sua cidade permite-lhe utilizar qualquer meio (sítio Web, espaço físico, etc.) para classificar as escolas em função do seu desempenho?	Sim/Não
De acordo com o seu conhecimento, quantos estabelecimentos dispõem de uma enfermaria funcional?	Número de estabelecimentos
De acordo com o seu conhecimento, quantas escolas têm uma cantina funcional?	Número de estabelecimentos
As escolas oferecem-lhe um espaço onde pode apresentar sugestões para melhorar os resultados escolares na sua cidade?	Sim/Não
Que programas ou iniciativas especiais estão em vigor para apoiar os alunos com necessidades educativas especiais?	Texto livre
Quais são os principais indicadores utilizados para medir a qualidade do serviço educativo prestado aos alunos?	Texto livre
Os estabelecimentos estão situados em zonas menos ruidosas e mais propícias à aprendizagem (longe dos maquis e dos bares)?	Sim/Não
Já se apercebeu de brigas entre alunos na escola ou nas imediações?	Sim/Não
Com vista a melhorar a escolha da escola para o ensino no seu local de residência, quais são as suas expectativas em relação à cidade?	Texto livre

5.2.1.2 Formulários de segurança

Quadro 4: Formulário "Segurança" enviado aos administradores municipais

Questão	Resposta esperada
Como avalia a situação atual da segurança pública na sua cidade?	Escala de 1 a 5
Quais são os principais tipos de crimes registados na sua cidade?	Lista de crimes comuns
Que medidas foram adoptadas para melhorar a segurança?	Texto livre
Quais são os principais desafios que a polícia enfrenta?	Texto livre
Como classificaria a cooperação entre a polícia e a comunidade?	Escala de 1 a 5

Quadro 5: Formulário Web "Segurança" disponível para os residentes de uma cidade

Questão	Resposta esperada
Género	Masculino/Feminino/Outro
A que grupo etário pertence?	Lista de grupos etários
Em que localidade/cidade/bairro viveu?	Nome da localidade/cidade/bairro
Especificar a cidade.	Texto livre
Especificar a área.	Texto livre
Profissão	Lista de profissões
Como avalia o atual nível de segurança na sua localidade?	Escala de 1 a 5
Que domínios de segurança considera mais importantes para melhorar? (Assinalar, no máximo, três respostas)	Lista de domínios (por exemplo, prevenção da criminalidade, segurança rodoviária, etc.)
Alguma vez testemunhou ou foi vítima de crimes ou incidentes de segurança na sua cidade?	Sim/Não
Pode descrever brevemente o incidente?	Texto livre

Comunicou o facto às autoridades competentes?	Sim/Não
Como avalia a atual comunicação entre as autoridades locais e os cidadãos sobre questões de segurança?	Escala de 1 a 5
Seria a favor da criação de uma aplicação móvel para comunicar problemas de segurança em tempo real?	Sim/Não
Qual é a sua opinião sobre o nível de cooperação entre a polícia e a comunidade na sua localidade?	Escala de 1 a 5
Na sua opinião, quais são as principais causas de insegurança na sua localidade? (Assinalar até três respostas)	Lista das causas (por exemplo, pobreza, desemprego, falta de controlo, etc.)
Estaria disposto a participar em iniciativas locais para promover a segurança e reforçar a cooperação com a polícia?	Sim/Não
Mencionar a iniciativa em poucas palavras.	Texto livre
Tem outras sugestões ou comentários para melhorar a qualidade dos serviços de segurança na nossa cidade?	Texto livre

5.2.1.3 Formulários para o tema "Saúde"

Quadro 6: Formulário de saúde enviado aos administradores municipais

Questão	Resposta esperada
Como avalia a situação atual da segurança pública na sua cidade?	Escala de 1 a 5
Quais são os principais tipos de crimes registados na sua cidade?	Lista de crimes comuns
Que medidas foram adoptadas para melhorar a segurança?	Texto livre
Quais são os principais desafios que a polícia enfrenta?	Texto livre
Como avalia a cooperação entre a polícia e a comunidade?	Escala de 1 a 5

Quadro 7: Formulário Web sobre saúde disponível para os residentes de uma cidade

Questão				Resposta esperada
Género				Masculino/Feminino/Outro
A que grupo etário pertence?				Lista de grupos etários
Em que localidade/cidade/bairro viveu?				Nome de cidade/cidade/bairro o
Especificar a cidade.				Texto livre
Especificar a área.				Texto livre
Profissão				Lista de profissões
Especificar a posição				Texto livre
Visita estabelecimentos de saúde públicos?				Sim/Não
Porquê?				Texto livre
Como encontrar casas de banho públicas?	receção	em	a	estabelecimentos	Escala de 1 a 5
Tem capacidade para pagar as receitas médicas após uma doença?				Sim/Não
Quanto é que pode pagar?				Texto livre (por exemplo, "0-50%", "51-") 100%", etc.).
As instalações dispõem de farmácias internas?				Sim/Não
As escolas dispõem de laboratórios próprios?				Sim/Não
Quais são as suas expectativas em relação aos estabelecimentos de saúde da sua cidade?				Texto livre
A sua cidade dispõe de um espaço eletrónico (virtual) ou físico onde pode dar a sua opinião sobre os serviços prestados pelos estabelecimentos de saúde pública?				Sim/Não
O que é este espaço?				Texto livre
Este espaço está sempre disponível?				Sim/Não
A sua cidade permite-lhe utilizar qualquer meio (sítio Web, espaço físico, etc.) para classificar as escolas em função do seu desempenho?				Sim/Não
Os estabelecimentos oferecem-lhe um espaço onde pode fazer sugestões e críticas para melhorar a qualidade dos cuidados de saúde na sua cidade?				Sim/Não

5.2.1.4 Formulário por tema " Desporto

Quadro 8: Formulário "Desporto" enviado aos administradores municipais

Questão	Resposta esperada
Como avalia o estado atual das instalações desportivas na sua cidade?	Escala de 1 a 5
Quais são os principais desafios que o desporto enfrenta?	Texto livre
Quais são os actuais indicadores de desempenho utilizados para avaliar as instalações desportivas?	Lista indicadores
Como classificaria a satisfação dos utilizadores com as instalações desportivas?	Escala de 1 a 5
Que projectos ou iniciativas estão em curso para melhorar as infra-estruturas desportivas da cidade?	Texto livre

Quadro 9: Formulário Web sobre "Desporto" acessível aos residentes de uma cidade

Questão	Resposta esperada
Género	Masculino/Feminino/Outro
A que grupo etário pertence?	Lista de grupos etários
Em que cidade vive?	Nome da cidade/comunidade
Especificar a área.	Texto livre
Profissão	Lista de profissões
Especificar a posição	Texto livre
A sua cidade de origem dispõe de um espaço eletrónico (virtual) ou físico onde pode consultar os diferentes sítios e programas desportivos aí existentes?	Sim/Não
Que espaço é este? (Dizer o nome.)	Texto livre
Este espaço de transmissão desportiva está sempre disponível?	Sim/Não
Quanto tempo antes da realização dos eventos é que a informação está geralmente disponível?	Texto livre (por exemplo, "1 semana", "1 mês", etc.)

A sua cidade permite-lhe utilizar qualquer meio (sítio Web, espaço físico, etc.) para classificar as escolas quanto à organização e à qualidade das suas instalações desportivas?	Sim/Não
Os estabelecimentos oferecem-lhe um espaço onde pode fazer sugestões sobre o tipo de programas em que gostaria de participar na sua cidade?	Sim/Não
Que programas ou iniciativas especiais foram postos em prática para permitir que a população participe ativamente nos diferentes programas desportivos que se realizam na cidade? (Nomear)	Texto livre
Que indicadores-chave utiliza para medir a qualidade do serviço prestado pelas organizações desportivas?	Lista de indicadores (por exemplo, limpeza, acolhimento, etc.)
Os estabelecimentos são acessíveis a todos? Homens, mulheres, deficientes ...	Sim/Não
Já se apercebeu de brigas entre adeptos nos recintos desportivos ou nas suas imediações?	Sim/Não
Que desporto?	Nome do desporto
Qual é o evento desportivo mais popular na sua cidade?	Nome do evento
Que sugestões tem para fazer com que as pessoas se interessem pelo desporto?	Texto livre

5.3 Análise dos dados

5.3.1 Análise dos dados recolhidos no formulário "Educação

5.3.1.1 Localização e profissão dos participantes

Os dados relativos à ficha de formação foram recolhidos junto de 45 pessoas, das quais 29 homens e 16 mulheres. O quadro seguinte mostra a distribuição dos inquiridos por localidade e por sexo.

Quadro 10: Repartição das pessoas por localidade, profissão e género

CIDADES /COMUNIDADES \ PROFISSÃO	Abobo	Adjame	Attecoube	Bingerville	Cocody	Dabakala	Daloa	Danane	Duekoue	Duekoué	Marcory	Saioua	Treichville	Yamoussoukro	Yopougon	Total
Programador	1															1
F	1															1
Estudante	5	2		2	4		1						1	2	11	28
F		2		2	1		1						1	1	3	11
H	5				3									1	8	17
Enfermeira											1					1
F											1					1
Engenheiro				1												1
H				1												1
Apoio informático			1													1
H			1													1
Professor					1	1		1			1	1			1	6
F												1				1
H					1	1		1			1				1	5
Assistente técnico										2						2
H										2						2
Radiologista									1							1
H									1							1
Agente de saúde										2						2
F										2						2
Gestor de dados									1							1
H									1							1
Empresário				1												1
H				1												1
Total	6	2	1	4	5	1	1	1	2	4	2	1	1	2	12	45

A afluência de estudantes foi elevada: 28 (62%), dos quais 11 residiam em Yopougon (39%).

5.3.1.2 O género dos participantes

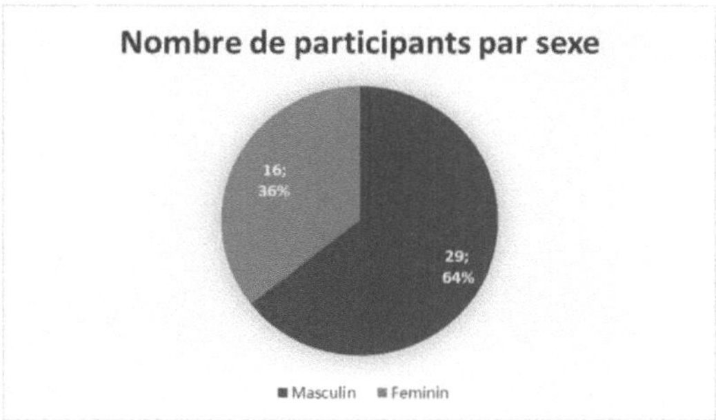

Figura 2: Número de participantes por género

Um total de 45 pessoas preencheram o questionário sobre educação. A população do estudo era predominantemente masculina, 64% (29/45), em comparação com 36% (16/45) do sexo feminino.

5.3.1.3 Faixa etária dos participantes

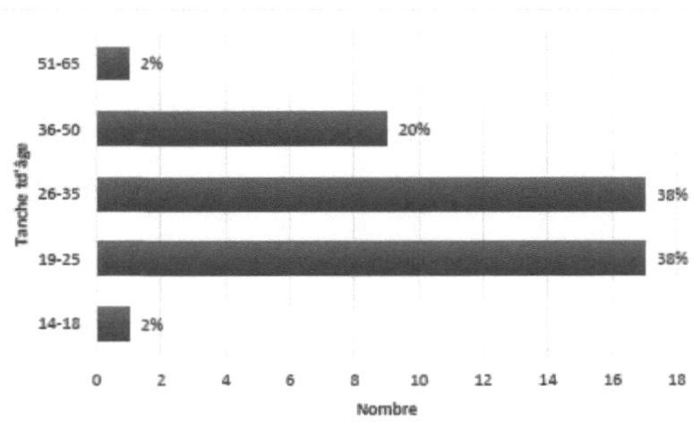

Figura 3: Repartição por grupo etário

Registou-se um elevado nível de participação de pessoas com idades compreendidas entre os 19 e os 35 anos no questionário sobre educação.

5.3.1.4 Disponibilidade de espaço digital segundo os participantes

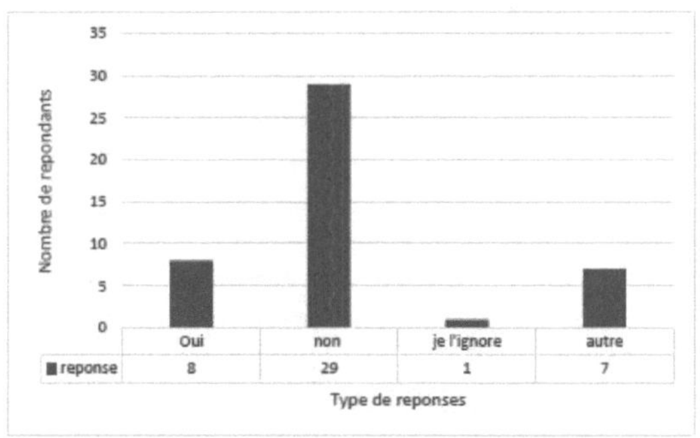

Figura 4: Repartição das respostas sobre a disponibilidade de espaço digital.

29 pessoas, ou seja, 64% dos inquiridos, afirmaram não dispor de um espaço digital onde pudessem consultar informações sobre o que se faz em matéria de educação na sua localidade. No entanto, o quadro seguinte mostra os espaços disponíveis.

Quadro 11: Tipo de espaço disponível

Número de pessoas	Espaço digital	Espaço físico
2	Facebook	
1	Google	
1	www.mena.org	
1		DRENNA
3		Escola

5.3.2 Análise dos dados recolhidos (Segurança)

5.3.2.1 Localização e profissão dos participantes

Os dados foram recolhidos junto de 39 pessoas, 26 homens e 13 mulheres. O quadro seguinte mostra a repartição dos inquiridos por localidade e por sexo.

Quadro 12: Repartição das pessoas por localidade, profissão e género

Cidade/comunidade Profissão	Abobo	Adjame	Bingerville	Cocody	Daloa	Duekoue	Ferkessedougou	Kong	Koumassi	Mbengue	Treichville	Yamoussoukro	Yopougon	Total
Agente de saúde						1								1
H						1								1
Oficial de operações/segurança privada		1												1
H		1												1
Assistente técnico						1								1
H						1								1
assistente executivo													1	1
F													1	1
Estudante	2	1	2	1				1	1		2	1	4	15
F		1	1					1	1		2		2	8
H	2		1	1								1	2	7
TI		1												1
H		1												1
ENGENHEIRO				2										2
H				2										2
Engenheiro de redes e segurança											1			1
H											1			1
professor							1							1
F							1							1
Professor													1	1
H													1	1
Estagiário									1					1
H									1					1
Apoio informático			1											1
H			1											1
Tesoureiro				1										1
H				1										1
Estudante	1	1	1	1	1					1			5	11
F		1	1		1									3
H	1		1							1			5	8
Total	3	4	4	5	1	2	1	1	2	1	3	1	11	39

Registou-se uma elevada participação de 15 estudantes, ou seja, 39%.

5.3.2.2 O género dos participantes

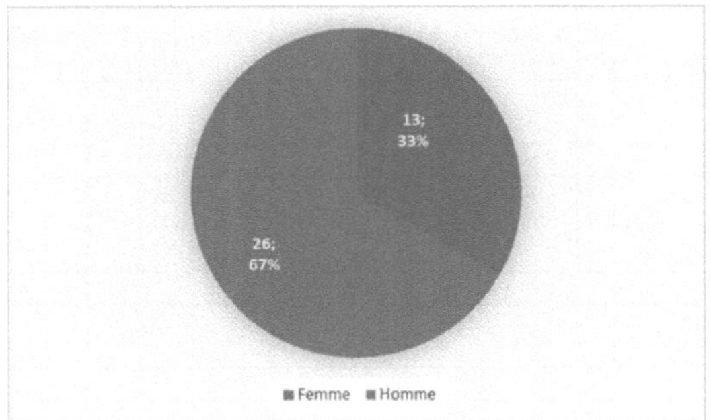

Figura 5: Número de participantes por género

5.3.2.3 Faixa etária dos participantes

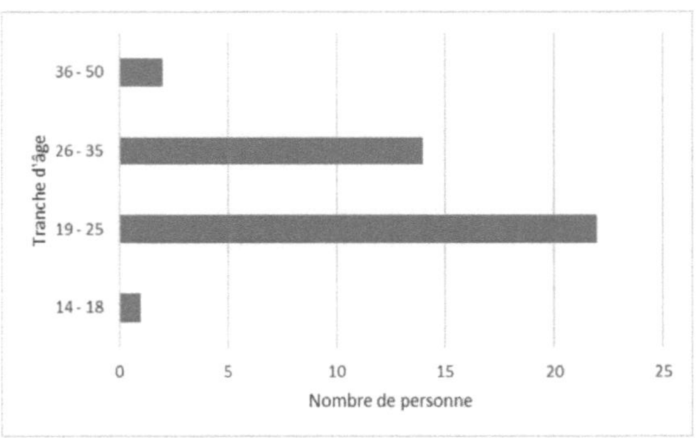

Figura 6: Repartição por grupo etário

As pessoas com idades compreendidas entre os 19 e os 35 anos participaram muito no questionário de segurança.

5.3.2.4 Índice de satisfação

Índice de satisfação	Trabalhadores	Percentagem
Não satisfatório	10	26%
Neutro	10	26%
Satisfatório	13	33%
Muito insatisfatório	4	10%
Muito satisfatório	2	5%
Total	39	100%

Quadro 13: Repartição das respostas por índice de satisfação

Das 39 pessoas que responderam à pergunta "Como avalia atualmente o nível de segurança na sua localidade?", a maioria respondeu que estava **satisfeita**, com 13 respostas, seguidas de um número igual de respostas nas categorias **"Insatisfeito"** e **"Neutro"**, cada uma com 10 respostas. As 14 pessoas que se declararam **insatisfeitas** ou **muito insatisfeitas** representam um grupo importante que deve ser analisado mais pormenorizadamente para compreender as áreas de insatisfação.

5.3.2.5 Índice de satisfação por localidade

Quadro 14: Repartição das respostas por localização e índice de satisfação

Índice de satisfação	Trabalhadores
Não satisfatório	10
Abobo	1
Estação	1
Bingerville	1
Aldeia de Abbata	1
Cocody	2
CAMPUS	1
Mermoz	1
Koumassi	1
Sicogi	1
Treichville	2
AVENUE 7	1
Rue 12 Avenue 11 Quartier Apollo	1
Yopougon	3
CAMPO MILITAR	1
Novo distrito	1
Yopougon	1
Neutro	10
Abobo	1
PK18	1
Adjame	1
220 habitações	1
Bingerville	2
Adjin	1
Gbagba	1
Kong	1
Bougou	1
Koumassi	1
Sogefiha	1
Yamoussoukro	1

Kokrenou	1
Yopougon	3
Lokoa	1
Niangon	1
Telhado vermelho	1
Satisfatório	13
Abobo	1
Akeikoi	1
Adjame	2
Paillet	1
Williamsville	1
Bingerville	1
Extensão Gbagba	1
Cocody	3
Roupa de cama	1
Faya	1
São João	1
Duekoue	2
Ahoussabougou	1
Residencial	1
Ferkessedougou	1
Lanviara	1
Mbengue	1
Mbengue	1
Yopougon	2
milionário	1
Selmer	1
Muito insatisfatório	4
Adjame	1
Índice	1
Daloa	1
Oliveiras	1
Treichville	1

Km3	1
Yopougon	1
Bosque de Ananera	1
Muito satisfatório	2
Yopougon	2
Bel Air	1
Sal marinho	1
Total	39

Entre os 39 inquiridos, dois bairros da comuna de Yopougon declararam estar muito satisfeitos com a segurança, nomeadamente Bel-air e Sel-mer, e 4 comunas declararam estar muito insatisfeitos, nomeadamente: Adjame (indénié) Daloa (Les oliviers) Treichville(Km3) Yopougon (Ananeraie)

5.3.2.6 segurança

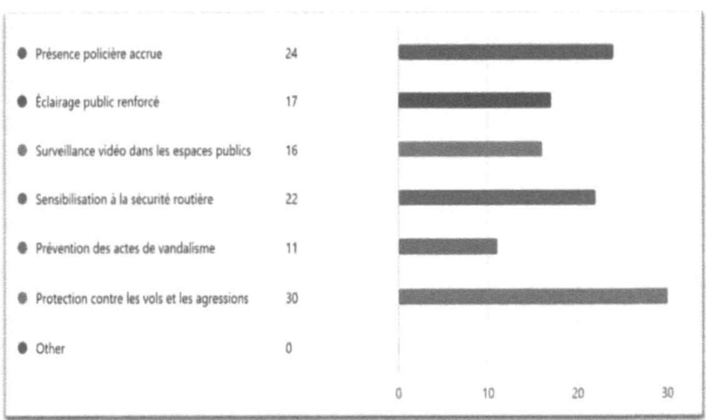

Figura 7: Repartição das respostas por domínio de segurança

Uma análise de todas as respostas mostra que três áreas de segurança se destacam claramente como sendo as mais importantes para os inquiridos:

Proteção contra roubos e assaltos: Este é, de longe, o domínio mais citado, o que sublinha a importância da segurança para as pessoas e os seus bens.

Aumento da presença da polícia: Uma presença policial mais forte e visível é considerada uma forma eficaz de dissuadir a criminalidade e de intervir rapidamente em caso de incidente.

Sensibilização para a segurança rodoviária: A segurança rodoviária é também uma das principais preocupações, o que indica uma consciência dos riscos associados ao tráfego e o desejo de ver implementadas acções concretas.

5.3.2.7 Testemunhas ou vítimas de crimes ou incidentes de segurança

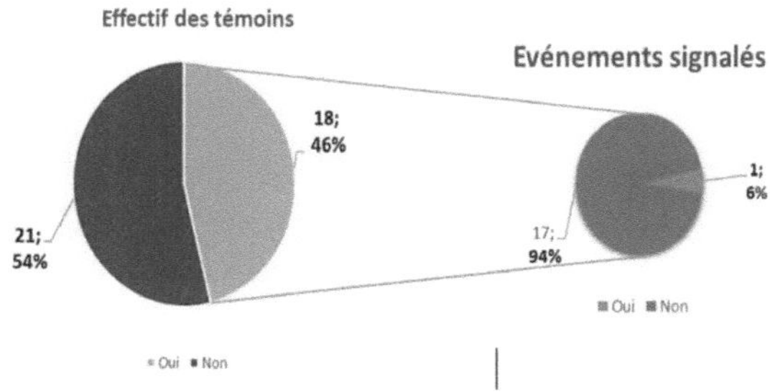

Figura 8: Repartição das testemunhas ou vítimas de crimes ou incidentes de segurança

Dos 39 inquiridos, 18 afirmaram ter testemunhado ou sido vítimas de um crime ou incidente de segurança, e apenas um destes 18 o tinha comunicado às autoridades competentes. Tendo em conta esta baixa taxa de comunicação, 97% dos inquiridos mostraram-se favoráveis à criação de uma aplicação que lhes permita comunicar diversas ocorrências. Como mostra o quadro seguinte:

Quadro 15: Opiniões dos participantes

Favorável a uma aplicação	Força de trabalho	Percentagem
Não	1	3%
Sim	38	97%
Total geral	39	100%

5.4 Interpretação dos dados recolhidos nos formulários

Os dados recolhidos permitiram-nos constatar que 8 pessoas, ou seja, 18% dos inquiridos, têm acesso a um espaço onde podem consultar as taxas de aprovação. Os espaços disponíveis utilizados são variados, desde espaços físicos a espaços electrónicos (DRENNA, Ecole, Facebook, Google, www.mena.org) mas não há predominância de um tipo de espaço eletrónico.

5.5 Recomendações

Após a análise das respostas, podemos fazer as seguintes recomendações:

- **Reforçar o anonimato**: Permitir que os residentes forneçam informações sem receio de represálias.
- **Melhorar o acesso**: Os resultados mostram que as pessoas não têm acesso suficiente aos poucos espaços disponíveis. Seria vantajoso desenvolver soluções acessíveis especificamente para eles.
- **Normalização dos espaços**: Poderá ser útil promover um tipo de espaço predominante, como um sítio Web centralizado, para facilitar o acesso à informação.
- **Aumentar a presença da polícia no** terreno, nomeadamente nas zonas de alto risco.
- **Desenvolver a videovigilância:** Instalar câmaras de vigilância em espaços públicos estratégicos.
- **Melhorar a iluminação pública:** Aumentar a iluminação nas zonas escuras e mal iluminadas.
- **Campanhas de sensibilização:** Sensibilização do público para as regras de segurança rodoviária e para a prevenção da criminalidade.
- **Envolvimento dos cidadãos:** Envolver os cidadãos na definição e aplicação

das políticas de segurança.

• Avaliar regularmente as políticas adoptadas: Estabelecer indicadores de desempenho para medir a eficácia das acções empreendidas.

5.6 Descrição do protocolo de aplicação da recolha de dados e utilização dos dados

5.6.1 Grelha de cada cidade por bairro

Cada cidade será dividida em vários distritos distintos para facilitar a gestão e a organização dos dados.

5.6.2 Atribuir uma função de "administrador" por tema a determinados residentes locais

Alguns habitantes serão nomeados administradores para cada tema (educação, segurança, saúde, desporto, etc.) para supervisionar a recolha e a gestão dos dados no seu bairro.

5.6.3 Criação de um tema por um administrador

Os administradores serão responsáveis pela criação de temas específicos com base nas necessidades e preocupações do seu bairro.

5.6.4 Fornecer o conteúdo do evento.

Os administradores fornecerão o modelo de entrada para que os residentes possam dar mais pormenores sobre os eventos e os temas criados. No entanto, o protocolo para o efeito dependerá do tema.

5.6.4.1 protocolo temático sobre educação

Esta secção apresenta os intervenientes e o protocolo de criação de um formulário de informação.

5.6.4.1.1 Principais actores

Os principais intervenientes no domínio da educação incluem :

• **Professores e diretores de escola**: Responsáveis pela execução das actividades educativas e pela gestão dos alunos.

• **Administradores de bairro**: Desempenham um papel central no planeamento, na gestão dos recursos e na supervisão das iniciativas educativas.

5.6.4.1.2 Actores secundários

Os actores de apoio incluem :

• **Os pais**: Os pais estão envolvidos na vida escolar dos seus filhos e devem ser informados de todas as iniciativas ou mudanças relacionadas com a educação.

• **O sistema de informação** (servidor): Este sistema é responsável pela recolha e armazenamento de dados relativos às iniciativas educativas, facilitando a análise do desempenho escolar e permitindo a comunicação com os actores educativos.

5.6.4.1.3 Protocolo de ação para um evento sobre o tema da educação

Medidas de ação específicas para um evento ligado ao tema da educação :

1. **Comunicar uma necessidade ou um problema educativo**: Os professores, os pais ou mesmo os alunos podem identificar uma necessidade ou um problema no sistema educativo local (por exemplo, falta de livros, ausência de professores, problemas com a cantina da escola, etc.). Informam o seu encarregado de educação local.

2. **Verificação pelo administrador do bairro**: O responsável local pela educação verifica a natureza e a extensão da necessidade ou do problema. Esta fase consiste em validar as informações e avaliar a urgência da intervenção.

3. **Coordenação com as autoridades educativas**: Se o problema ou a necessidade forem validados, o responsável entra em contacto com as autoridades educativas competentes (Ministério da Educação, direção da escola, etc.) para obter recursos ou orientações para a resolução do problema.

4. **Criação de um espaço de comunicação**: É criado um espaço específico na plataforma digital. Este espaço pode incluir um **formulário guiado** para que professores, pais ou alunos possam partilhar as suas sugestões, preocupações ou informações adicionais. Por exemplo, os pais podem indicar as necessidades específicas dos seus filhos em termos de materiais didácticos.

5. **Recolha e análise de dados**: A informação recolhida através da plataforma (preocupações, sugestões de melhoria, resultados escolares, etc.) é centralizada e analisada pelo sistema de informação (servidor). Este processo ajuda a identificar os problemas mais frequentes ou as necessidades mais prementes.

6. **Implementação de soluções**: Após a análise dos dados, são tomadas medidas concretas. Estas acções podem incluir a distribuição de material escolar, a reparação ou melhoria das infra-estruturas, a organização de formação para professores ou a introdução de novos métodos de ensino.

7. **Acompanhamento e comunicação com a comunidade educativa**: Uma vez postas em prática as medidas, o administrador e as autoridades competentes partilham os resultados com os pais, os professores e os alunos através da plataforma digital. Podem também ser organizadas reuniões ou seminários para informar a comunidade sobre os progressos efectuados ou as medidas futuras.

Este protocolo educativo destaca mais uma vez uma abordagem de colaboração, em que **professores**, **administradores de bairro** e **pais** trabalham em conjunto para identificar necessidades e melhorar as condições de aprendizagem. O sistema de informação desempenha um papel fundamental para facilitar a recolha e a análise de dados. Ao permitir que os vários intervenientes expressem as suas preocupações e acompanhem os progressos, esta abordagem assegura uma melhor gestão dos recursos educativos e promove o envolvimento da comunidade no sucesso educativo das crianças. A informação centralizada e bem comunicada assegura a melhoria contínua da qualidade da educação, garantindo simultaneamente a transparência das acções empreendidas.

5.6.4.2 Protocolo relativo ao tema da segurança

Esta secção apresenta os intervenientes e o protocolo de criação de um formulário de informação.

5.6.4.2.1 Principais actores

Os intervenientes principais são as pessoas ou entidades diretamente responsáveis pelo tratamento da informação ou pela gestão do evento. Neste contexto, os actores principais podem ser :

- **Administradores de bairro**: Desempenham um papel central como ponto de contacto para os residentes, sendo responsáveis pela receção e tratamento dos alertas.

- **As autoridades competentes**: Estas autoridades incluem a polícia, os diretores das escolas, os serviços municipais ou qualquer outro organismo com poderes para intervir nos incidentes comunicados.

- **Os residentes**: Desempenham também um papel central como pessoas de recurso para o nosso sistema. Serão responsáveis pela informação da plataforma.

5.6.4.2.2 Actores secundários

Um ator secundário fundamental neste processo é o **sistema de informação** ou **servidor**. Este sistema é responsável por armazenar e gerir os dados recolhidos através de formulários em linha, facilitando a análise e a partilha de informações com as partes interessadas.

5.6.4.2.3 Protocolo de ação

O processo descrito segue um conjunto claro de etapas para gerir eficazmente os alertas e incidentes comunicados pelos residentes:

1. **Comunicação de incidentes pelos residentes**: Os residentes de um bairro ou localidade identificam um problema ou incidente relacionado com a segurança (por exemplo, um roubo ou um ato de vandalismo). Contactam o administrador do bairro para comunicar o incidente.

2. **Verificação da veracidade pelo administrador do bairro**: Uma vez informado, o administrador de bairro verifica a autenticidade e a gravidade da informação recebida. Esta fase é crucial para garantir que apenas as situações válidas são transmitidas às autoridades, de modo a não entupir o sistema com falsos alertas.

3. **Notificação às autoridades competentes**: Se o incidente for confirmado, o administrador transmitirá os pormenores às autoridades competentes (polícia, bombeiros, etc.) para que possam ser tomadas medidas imediatas.

4. **Criação de um espaço na plataforma**: O administrador abre um espaço dedicado na plataforma digital onde é disponibilizado aos residentes um formulário guiado. Este formulário é utilizado para recolher informações adicionais, incluindo pormenores sobre o incidente, testemunhas, circunstâncias e outros aspectos relevantes.

5. **Recolha e análise de dados**: Os dados recolhidos através destes formulários são depois processados pelo sistema de informação (servidor). É efectuada uma análise aprofundada para identificar tendências ou problemas recorrentes no bairro ou na comunidade.

6. **Comunicação dos resultados**: Após o tratamento, os resultados e as conclusões são partilhados com o público na plataforma, para o informar sobre as medidas tomadas e as futuras medidas de segurança. Este facto também

promove a transparência entre administradores, autoridades e cidadãos.

Este protocolo destaca um modelo de colaboração em que os cidadãos desempenham um papel ativo na gestão da segurança na sua comunidade. É apoiado por um sistema de informação moderno que permite a centralização e a gestão rigorosa dos dados. Graças à plataforma digital, os residentes podem não só comunicar incidentes, mas também acompanhar as respostas e as acções tomadas. O processo assegura uma comunicação contínua e eficaz entre as várias partes interessadas para melhorar a segurança local. Os temas serão publicados e disponibilizados a todos os residentes através do nosso sistema de informação, permitindo uma ampla participação.

5.6.5 Direito de apresentar o formulário preenchido em .

Para poder acrescentar comentários e participar na inteligência da localidade, é necessário ser residente na cidade e estar registado na plataforma. Note-se que os comentários têm um objetivo construtivo e não contraditório com o orador. Os residentes são encorajados a comentar temas de forma construtiva através de formulários em linha, permitindo a recolha de dados qualitativos.

5.6.6 Tempo de vida limitado do tema

O prazo para a apresentação de comentários será de um mês, mas pode ser ajustado pelos administradores em função das necessidades específicas.

5.6.7 Efetuar uma análise estatística do evento para consulta

No final do período de comentários, será efectuada uma análise estatística para resumir os dados recolhidos, identificar tendências e informar futuras decisões.

5.7 modelo de dados

O modelo de dados será estabelecido através da identificação de todas as entidades necessárias para implementar a solução. A abordagem consiste em seguir o rasto de cada evento temático considerado e, em seguida, extrair as entidades do cenário de recolha e exploração definido no protocolo. O modelo de dados relacional será descrito numa outra publicação.

5.8 Implementação da solução

A nossa escolha arquitetónica é uma arquitetura de 3 camadas, incorporando uma camada Web, uma camada de aplicação e uma camada de dados. Esta arquitetura permite uma separação clara das preocupações, facilitando a manutenção, a escalabilidade e a segurança do sistema.

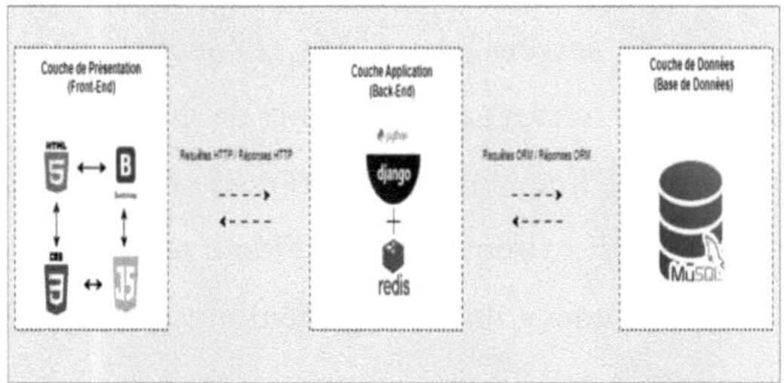

Figura 9: Abordagem arquitetónica

5.8.1 Tecnologia Web Bootstrap html ,

Três domínios principais

•Criar uma camada de eventos :

Esta subsecção permite aos utilizadores criar e gerir eventos. Inclui formulários interactivos e interfaces de utilizador dinâmicas para facilitar a criação de eventos. Este nível está reservado aos administradores

•Camada de inteligência :

Esta subsecção é dedicada à recolha e apresentação de informações relevantes para os utilizadores. Utiliza componentes Bootstrap para apresentar os dados de uma forma clara e acessível.

• Camada consultiva

Esta sub-secção oferece funcionalidades de consulta, permitindo aos utilizadores pesquisar e consultar eventos e informações. Incorpora elementos de navegação e filtros para melhorar a experiência do utilizador.

5.8.2 Tecnologia de aplicações (Django e Redis)

Para a camada de aplicação, optámos por Django e Redis. O Django é uma estrutura web Python. Permite-nos desenvolver rapidamente aplicações robustas e seguras graças às suas numerosas funcionalidades integradas, como a autenticação, a gestão de sessões e o ORM (Object-Relational Mapping). O Redis (REmote DIctionary Server) é um sistema de gestão de bases de dados de valores chave em memória, frequentemente utilizado como cache, base de dados ou corretor de mensagens. É extremamente rápido e pode armazenar e recuperar dados em poucos milissegundos utilizando memória RAM. O Redis também é capaz de persistir dados no disco, se necessário, embora a sua principal utilização continue a ser o processamento de dados rápidos na memória.

5.8.3 Tecnologia de dados (MySQL)

A camada de dados utiliza o MySQL como sistema de gestão de bases de dados. O MySQL é uma escolha comprovada para aplicações Web devido ao seu desempenho, fiabilidade e capacidade de gerir grandes quantidades de dados. Esta camada é responsável por armazenar, recuperar e gerir os dados necessários para executar a nossa aplicação.

6 PRÓXIMAS ETAPAS

No próximo documento, apresentaremos os casos de utilização, os diagramas de sequência, as tabelas de dados e respectivos campos, os formulários implementados e uma visão geral da aplicação.

7 CONCLUSÃO

Neste estudo, explorámos o papel crucial dos dados gerados pelos cidadãos na melhoria da qualidade dos serviços nas cidades inteligentes. Ao aproveitar estes fluxos de dados, as administrações urbanas podem obter informações em tempo real sobre vários aspectos da vida urbana, permitindo uma tomada de decisões mais informada e respostas proactivas às necessidades da comunidade. Detalhámos o processo de recolha, estruturação e armazenamento destes dados, garantindo que podem ser interrogados e utilizados eficazmente. A nossa colaboração com os administradores da cidade e os residentes para identificar os principais parâmetros de QoS e desenvolver um modelo de dados adequado sublinha a importância de envolver todas as partes interessadas no ecossistema de dados. Esta abordagem não só melhora a prestação de serviços, como também promove uma cidadania mais empenhada e informada. Os trabalhos futuros centrar-se-ão no aperfeiçoamento do modelo de dados, no reforço das medidas de segurança dos dados e no alargamento do âmbito das fontes de dados para incluir informações mais diversificadas e dinâmicas. Em última análise, esta investigação visa contribuir para o desenvolvimento de ambientes urbanos mais inteligentes e mais reactivos que dão prioridade ao bem-estar e às necessidades dos seus residentes.

BIBLIOGRAFIA

AlZoman, H., & Alenazi, M. (2020). Sistema resiliente de cidade inteligente (SCRS): Uma abordagem baseada em redes definidas por software (SDN). Jornal Internacional de Ciência e Aplicações Informáticas Avançadas (IJACSA), 11(5), 23-30. DOI: 10.14569/IJACSA.2020.0110503.

Bender, B., De Haan, L., & Bennett, C. (1995). The Coevolution of Man and Technology.

Revue des Sciences Humaines, 78(2), 123-145.

Brangier, É. (2002). De l'Ergonomie Cognitive à l'Ergonomie de Conception: Vers une Nouvelle Approche de la Coévolution Homme-Technologie. Ergonomie, 25(3), 200-215.

Brangier, É. (2003). L'Évolution de la Relation Homme-Machine: Vers une Approche Écologique et Évolutionniste. Revista de Antropologia, 49(1), 101-119.

De Rosnay, J. (2000). O Homem Simbiótico: Regards sur le Troisième Millénaire. Paris: Seuil.

Griffith, T. L. (2006). Co-Evolução através da Interface Homem-Tecnologia: The Impact of Task, Technology, and Individuals [O impacto da tarefa, da tecnologia e dos indivíduos]. Washington, DC: American Psychological Association.

Laufs, J., Borrion, H., & Bradford, B. (2020). Segurança em cidades inteligentes: A Review of the Literature.

Cidades Sustentáveis e Sociedade, 55, 102023. DOI: 10.1016/j.scs.2020.102023.

Lloret, J., Sendra, S., Parra, L., & Parra, L. (2019). Protocolo de comunicação baseado em grupo para redes de sensores sem fio em cidades inteligentes. IEEE Access, 7, 27360-27373. DOI: 10.1109/ACCESS.2019.2901695.

Mohanty, S. P., Choppali, U., & Kougianos, E. (2016). Tudo o que você queria saber sobre cidades inteligentes: A Internet das Coisas é a espinha dorsal. Revista IEEE Consumer Electronics, 5(3), 60-70. DOI: 10.1109/MCE.2016.2556879.

Ralko, A., & Kumar, N. (n.d.). Cybersecurity in Smart Cities: Strategies and Challenges. Jornal de Tecnologia Urbana. DOI: 10.1080/10630732.2020.1840500.

Simondon, G. (1958). Du Mode d'Existence des Objets Techniques. Paris: Aubier.

Stiegler, B. (1989). La Technique et le Temps, Tome 1: La Faute d'Épiméthée. Paris: Galilée.

Tu, C. (2018). Qualidade de serviço e qualidade de experiência em cidades inteligentes. Revista IEEE Communications, 56(12), 88-95. DOI: 10.1109/MCOM.2018.1800174.

Número de utilizadores da Internet a nível mundial por região em 2023. (n.d.). Statista. Acedido em 20 de julho de 2024, em https://fr.statista.com/statistiques/564020/nombre-d-utilisateurs-d-internet-dans-le-monde-en-par-region/

Printed by Books on Demand GmbH, Norderstedt / Germany